JN239088

ぼくのおやつ

おうちにあるもので作れるパンとお菓子56レシピ

はじめに

はじめまして。ぼくです。

このたびは、この本を手に取ってくださり、
本当にありがとうございます。

2013年の8月頃に、Twitterでレシピ画像をUPしはじめ
早くも8ヶ月が経過したのですが…

まさか、書籍化されるとは!!!（わーい）

これも、インターネットを通して、たくさんの方々に応援して
いただいた結果です。本当に感謝です。

お店で買う料理も美味しいけれど、是非、
手作りならではの、心が温かくなる料理を
味わっていただければ、すごくうれしいです。

boku

キャラクター紹介

マロさん

マシュマロでできている
マシュマロアザラシのオス。

コーヒーに浮かぶのが好き。
触るとすごくモフモフしている。

ぼく

この本の著者である
鈴カステラ。

鈴カステラが好きで、毎日食べていたら、
鈴カステラそのものになっていた。

CONTENTS

- 2 はじめに
- 3 キャラクター紹介
- 6 レシピを作る前に

1章 フワフワ！モチモチ！パンのレシピ

- 8 フワトロパンケーキ
- 10 夢のブ厚いパンケーキ
- 12 カリカリプルプルフレンチトースト
- 14 パンを代えて美味しいフレンチトースト
- 16 フライパンでお手軽パン
- 18 フライパンで！イースト菌不要の！モッチリベーグル
- 20 フライパンでサクサクスコーン
- 22 フライパンでカリッ！フワッ！ワッフル
- 24 フライパンでモチモチチーズ蒸しパン
- 26 思いたったらすぐできるフライパンでピザ
- 28 つけて美味しい！塗って美味しい！パンのおともレシピ！

- 30 **COLUMN 1** すぐにできちゃうトーストレシピ

2章 ザクザク！フンワリ！粉ものおやつ

- 32 3分でできるマグカップケーキ
- 34 混ぜて炊くだけ！フワフワ！バナナケーキ
- 36 すごいぞ炊飯器！
- 38 レンジで3分ザクザククッキー
- 40 フライパンでザクザクビスコッティー
- 42 ビニール袋とフライパンでメロンパン風ソフトビスケット
- 44 ザクザク！クランチチョコ
- 46 レンジでザクザク ンンンまいラスク
- 48 半解凍が美味しいクレープアイス

50 　フライパンフォンダンショコラ
52 　材料2つだけ！ ガトーショコラ
54 　フライパンでフワフワカップシフォン
56 　フライパンでカンタンバームクーヘン

58 　**COLUMN 2** レシピを成功させるコツ PART 1

3章　ヒンヤリ美味しい！ 固めるおやつ

60 　フワフワモフモフ手作りマシュマロ
62 　マシュマロデザート
64 　濃厚！ バニラアイス！
66 　一晩待つだけフロマージュブラン
68 　プリン作ろ!!
70 　すごいぞペクチン!! くだものプリン
72 　ゼラチンでカンタンゼリー3種レシピ
74 　昔なつかしいぎゅうにゅうかん

76 　**COLUMN 3** レシピを成功させるコツ PART 2

4章　ほっこり！ 和のおやつ

78 　どら焼き作ろ！
80 　ヘルシー美味しーお豆腐アイス
82 　やわやわフンワリ白玉団子
84 　プルプル和菓子 わらびもち
86 　カリカリ！ ホックリ！ 揚げない大学いも
88 　もちもちおもちレシピ
90 　フライパンでポリポリきなこクッキー
92 　フライパンでフワフワカステラ

94 　Q&Aコーナー

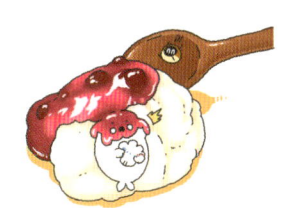

レシピを作る前に

その他の注意点

- 1カップは200cc（200ml）、大さじは15cc（15ml）、小さじは5cc（5ml）です。
- 電子レンジは500Wのものを使用しています。
- レシピには目安となる分量や調理時間を表記しておりますが、様子を見ながら加減してください。

1章 フワフワ！モチモチ！パンのレシピ

大人気のパンケーキやフレンチトーストから、ベーグルやスコーンなど定番のパンまでご紹介！

フワトロパンケーキ

まるでパッケージ写真のようなふっくらしたホットケーキも
ある工夫をするだけで簡単にできちゃう！

材料(2人分)
- 牛乳…100cc
- レモン汁…小さじ1
- 卵…1個
- ヨーグルト…大さじ3(45g)
- ホットケーキミックス…200g

※ホットケーキミックス200gは下記で代用可
- 薄力粉…160g
- 片栗粉…15g
- ベーキングパウダー…5g
- 砂糖…20g

1 牛乳をコップに入れて、電子レンジで30秒チン！ そこにレモン汁を加え、スプーンで混ぜて分離させながら冷ます。

> わーっ!! モロモロっとしてきた!!
> おもしろいー!!
> 牛乳とレモン汁でカッテージチーズとホエーができるよ

2 ボウルに①と卵とヨーグルトを入れて、泡立て器でよく混ぜ、ホットケーキミックスをドバっと投入する。

> ドバっと入れて、ダマになったりしないの!?!?
> よいよい
> 大丈夫！大丈夫！入れちゃえ〜

3 泡立て器ですくっては落とす動作を10〜15回繰り返しながら混ぜる。生地をフライパンに流し入れて弱火で3分程焼き、プツプツと小さな泡が出たら、裏返して2分程焼く。

生地は、味噌っぽいかんじ！ダマが残っていてOKだよ

ボタッ

本当にこれで焼いてイイの…？

ウオォオオォ!!
ふくらんだ!!!!

かんせい

小さく焼いた方がよくふくらむよ!!

フワン

フワン

アレンジ！

小さいパンケーキを重ねて
ジャムでカラフル

タワーにするとオシャレだねーっ

いろんな色のジャムで

中に好きな具を入れて
混ぜ込みパンケーキ

枝豆と角切りにしたプロセスチーズ

スライスしたバナナと、シナモンやキャラメルチップも合う〜！

9

夢のづ厚いパンケーキ

牛乳パックで作った型を使うと、
夢にまでみたタワーのようなパンケーキが作れるよ！

●牛乳パック型の作り方

1 牛乳パックの上と下を折り目から切り取り、胴の部分を4つにわける。

2 1枚の幅を6cmに整えたら、2枚をホチキスでつなぎ、直径10cmの輪にする。これで2個の型が完成！

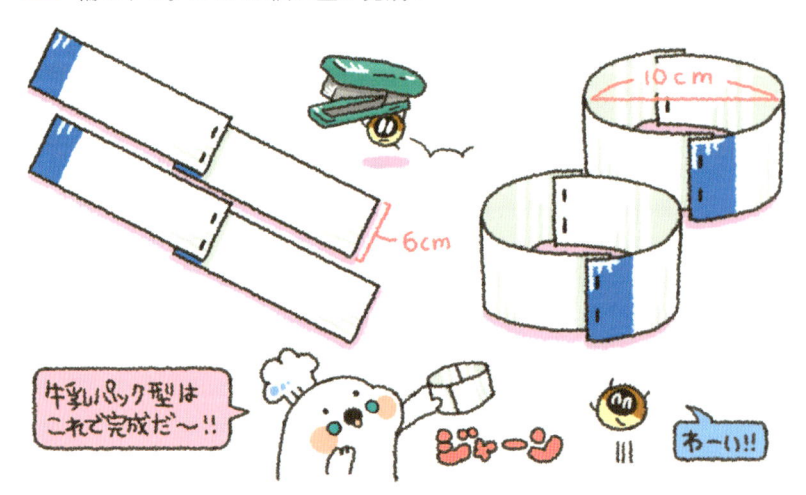

牛乳パック型はこれで完成だ〜!!

ジャーン

わ〜い!!

●パンケーキの作り方

材料(2人分)
- 牛乳…100cc
- レモン汁…小さじ1
- 卵…1個
- ヨーグルト…大さじ3(45g)
- ホットケーキミックス…200g

※ホットケーキミックス200gは下記で代用可
- 薄力粉…160g
- 片栗粉…15g
- ベーキングパウダー…5g
- 砂糖…20g

1 P8〜9の作り方を参考に、パンケーキ生地を作る。型の内側に薄くバター(分量外)を塗り、フライパンに入れ、型の2/3まで生地を流し入れる。

バターは多めの方がよいよ〜!!

内側りにクッキングシートを貼りつけても上手に焼ける!

2 フタをしながら極弱火で15分焼き、型ごとひっくり返す。さらに10〜15分焼き、竹串を刺して生地がくっついてこなければ完成!

かんせい

モフモフ

フワフワ

よじ…よじ…

うぉぉぁ〜高い〜っ!!!

アレンジ!

アレンジパンケーキ

- 抹茶パウダー8g + あんこ・生クリーム (アイスも美味しい)
- チョコチップ + バナナ・生クリーム (チョコソースも美味しい)

カリカリプルプルフレンチトースト

1日、じっくりと卵液に浸み込ませるだけで食パンが格段に美味しいフレンチトーストに変身!!

材料 (2人分)
- 厚切り食パン…2切れ（厚さ3cmくらい）
- バター…適量

A
- 卵…2個
- 牛乳…200cc
- 砂糖…20g
- バニラエッセンス…適量

1 厚切り食パンをそれぞれ半分に切って4枚にしたら、2枚ずつ密閉式保存袋に入れる。

> 食パンの耳は、切り落としてもそのままでも！
> 耳までやわらかくなるからそのまま作っても美味しい！
> 密閉式保存袋が無かったら、バットで代用してもよいよ

フワフワ

2 ボウルにAを入れてよく混ぜ、半分ずつ密閉式保存袋へ注ぎ入れ、空気を抜く。冷蔵庫で24時間おく。

> お好みでラム酒を少し入れても美味しい〜ッ
> 12時間経ったら一度、ひっくり返そう

ブランデーも合うよ〜

ウオォォ　オォ…

3 フライパンにバターを入れて熱し、②を入れて6面が薄く色づくまで中火で焼いたら、180℃のオーブンで10分焼く。

> オーブンでも焼くから、薄いキツネ色になればOK!!

ジュー ジュー

> オーブンを使わない場合はフライパンで両面7分ずつ極弱火で焼いてね

> オーブンだと一気にたくさん焼けるのがいいよね〜

かんせい

モワ モワ

中がまるでプリンみたい!!!

アレンジ！

ハムとチーズで 甘くない フレンチトースト

パンに切り込みを入れて、ハムとチーズをサンド！砂糖の代わりに塩こしょうを入れた液に浸して焼く！

バゲットで キャラメルバナナの フレンチトースト

バゲットでフレンチトーストにする。バター20g、砂糖30gをフライパンで熱してカラメルを作ったら、輪切りバナナを投入！バナナが焼けたら、バゲットと一緒に盛りつけ、生クリームをのせる。

パンを代えて美味しいフレンチトースト

フレンチトーストは実は食パン以外で作ってもOK！
この他にもいろんなパンで試してみて。

レーズンパン

くるみ入りだと香ばしさUP！

ズモモ…

スリスリ

レーズンがとってもジューシーで美味しい

MEMO
食パンタイプなら、厚切りがオススメ。
24時間卵液に浸すことでレーズンがやわらかくなるよ。

ベーグル

ベーグル1個に対して卵液は半分だよ

もっちり〜の新食感!!

ポンッ

ハーッ満腹ッ

MEMO
横半分に切ると、1時間程でまんべんなく卵液が浸み込む。砂糖を入れず、ベーコンやスクランブルエッグと一緒に食べても美味しい！

イングリッシュマフィン

イングリッシュマフィン1個に対して卵液は1/3だよ

外はカリカリ 中はフンワリ

ウォォ!!

MEMO そのまま浸すよりも、6〜9つに切って浸すのがオススメ。30分程でまんべんなく浸み込むよ。

クロワッサン

バターの風味がすごくよい〜〜!

大きめのクロワッサン1個に対して卵液は半分だよ

フワシュワだ〜!!

MEMO 1口サイズに切っても、そのまま焼いても! 少し潰しながら卵液に浸して。

パンによって食感も風味も変わるので色々な種類で作ってみると、楽しいよー!!

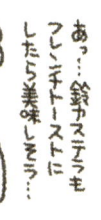

あっ…鈴カステラもフレンチトーストにしたら美味しそう…

フライパンでお手軽パン

フライパンで焼くだけだから、食べたい時にすぐ作れる。
具材次第で、バリエーションは無限大！

材料
（3〜4個分）

A
- 薄力粉（強力粉でもOK）…200g
- 砂糖…10〜15g
- 塩…小さじ1/3（2g）
- ベーキングパウダー…小さじ1と1/2（6g）
- 水…120cc

- 好みの具材…適量
- バター…適量

1 ボウルにAを入れて軽く手で混ぜ、まとまってきたらラップでふわっと包み10分程寝かせる。

> 強力粉の方が弾力のある生地になるよー！
> 強力粉の場合はよーくこねた方が美味しくなるよ

> コネコネコネ
> ワァァァ

> ラップで包んで10分経ったら、生地がふくらんできた!!!
> だからフワッとラップしたのだねー!!!

2 生地を3〜4等分してのばしたら、好きな具材を包んで丸く形を整える。

> 昨日の残りの焼きそばと…バナナと、チョコを入れよーっと!!

> ベタベタするので薄力粉を手につけながら作業しよう

> わーッ!!
> わーッ!!

3 フライパンにバター（油でもOK）を入れて熱し、②を入れる。弱火で片面3〜4分ずつ、両面焼く。

最後は好みの色になるまで中火で焦がそう〜！！

生焼け防止のために少し平べったくしてから焼くとよいよ〜

かんせい

色々な具で飽きないね〜

外はカリカリ中はモチッと！

アレンジ！

オススメ具材

少し濃い味付けのものの方が合うよー！

カスタードやあんこ

ツナマヨやハンバーグ

きんぴらごぼうやかぼちゃ煮

フライパンで！イースト菌不要の！ モッチリベーグル

オーブンとイースト菌を使わなくてもできる
とっても美味しいモッチモチなベーグル！　その秘密は……豆腐!!

材料（2個分）

A
- 強力粉…100g
- 絹豆腐…70〜80g
- 塩…少々
- ベーキングパウダー…小さじ1(4g)

■ はちみつ…大さじ1(7g)

1 Aをボウルに入れ、よくこねる。

- 豆腐の量は調節してね！
- ベタベタなら粉を足してみて！
- こねる程に、グルテンが出て美味しくなる〜
- こねる時間は、5〜15分！

2 イラストのように、成形する。

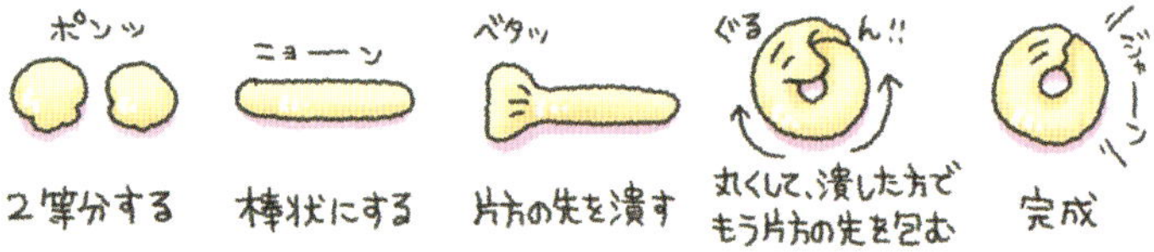

ポンッ　2等分する／ニョーン　棒状にする／ベタッ　片方の先を潰す／ぐるーん!!　丸くして、潰した方でもう片方の先を包む／ジャーン　完成

3 フライパンにベーグルがほぼ浸かるくらいの水を入れて沸騰させる。はちみつを加えて弱火にし、ベーグルを片面30秒ずつ、両面茹でる。

- しわの原因になるので、茹でる時は沸騰させないでね
- フライ返しを使うと楽にひっくり返せるので、オススメ〜
- 茹でたらすぐに焼きに入るよ〜！
- ここは、スピード勝負!!

4 フライパンにクッキングシートを敷き、ベーグルを置いてフタをしたら、極弱火で10分、裏返して7分焼く。

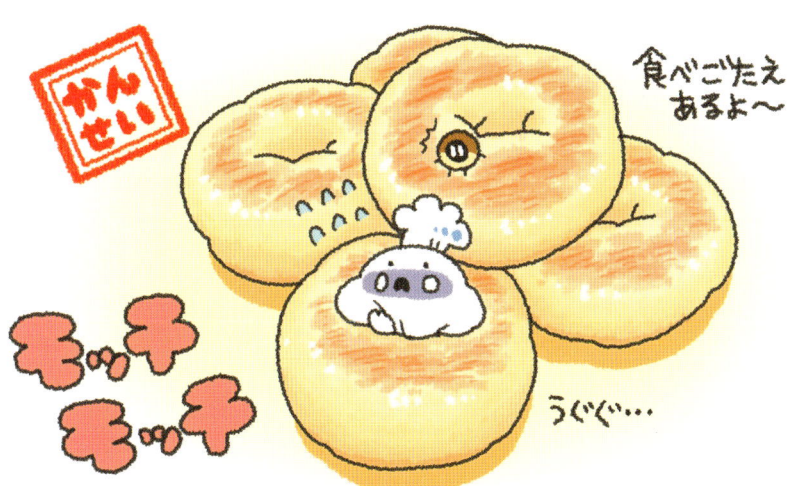

- ふくらむので少し離して並べよう
- もっちもっち
- 食べる時は温めるとすごく美味しいよ～
- 豆腐パワーでパサパサになるのを防ぐよ
- キャッキャッ
- グラグラ

かんせい

- 食べごたえあるよ～
- モッチモッチ
- うぐぐ…

アレンジ！

アレンジベーグル

- ドライフルーツ、ホワイトチョコ、ココアパウダー3g
- 紅茶の葉2g
- うす皮を取った枝豆、プロセスチーズ
- クリームチーズ30g、あんこ30g（成形する時に包む）
- わわわ！
- ドドドド…

オススメディップ

- クリームチーズ50g、はちみつ10g
- ツナ缶1つ、マヨネーズ適量、玉ねぎのみじん切り1/2個、塩こしょう少々

フライパンでサクサクスコーン

できたてはホロホロ、冷めるとサクサクの食感。
朝食にも、おやつにもピッタリ!!

材料（2人分）

A
- 薄力粉…100g
- 砂糖…10g
- ベーキングパウダー…小さじ1（4g）
- 塩…少々

- バター（マーガリンでもOK）…30g
- 牛乳…25cc
- 板チョコ…1/2枚（25～30g）

1 ボウルにAを入れて軽く混ぜ、常温に戻したバターを入れて、指ですり合わせるように混ぜる。

> 粉はふるわなくて大丈夫だよ～!!

> 風味は変わるけれど、バターの代わりに、サラダ油でもできる！

2 ①に牛乳と刻んだ板チョコを加えて混ぜ、ひとまとまりになったら生地を厚さ2cmくらいにのばして型で抜く。

> ちょっと硬めの分量にしてあるので、様子を見て、牛乳を足してね

> 型がなかったら包丁で三角に切ってもオシャレ！

3 フライパンにクッキングシートを敷き、生地を並べ、フタをして弱火で7分焼く。ひっくり返してさらに5分焼く。

コンロによって火が違うので調節して焼いて下さい!!

最後にコゲ色をつけて完成～

できたてはホロホロ！冷めるとサクサク！

カパッ
ソーッ
ンンン～!! ンまい～!!
モギュ モギュ

かんせい
ウオォ…
サクッ
ホロッ
ウオオォ～

アレンジ！

アレンジスコーン

かぼちゃによって水分量が違うので牛乳を足してね！

- 抹茶パウダー大さじ1/2
- 板チョコの代わりにホワイト板チョコ1/2枚

- 茶葉 ティーバッグ2つ分（約4g）

- 加熱して潰したかぼちゃ70g
- 砂糖5g

フライパンで カリッ！フワッ！ワッフル

ワッフルメーカーがなくても大丈夫。
カリカリ、フワっとしたワッフルがお家で作れちゃう！

材料（6個分）

A
- 薄力粉…50g
- 強力粉…50g
- 砂糖…5g
- バニラエッセンス…適量
- 牛乳…25cc
- ベーキングパウダー…小さじ1/2(2g)

- バター（マーガリンでもOK）…25g
- ザラメ…35g

1 ボウルの中にAと溶かしたバターを入れ、ざっくり混ぜる。

スプーンなどで大体混ぜればOKだよ〜

バターは電子レンジで20秒くらい加熱！

2 ①にザラメを加え、まとまるまで手でこねる。

わはは！ザラメがちくちくする〜！

強力粉はこねると弾力が出て、美味しくなるんだ！

グルテンパワー

のび〜っ

3 フライパンにクッキングシートを敷き、生地を6等分して形を整えて並べ、フタをして弱火で7分焼く。ひっくり返してさらに5分焼く。

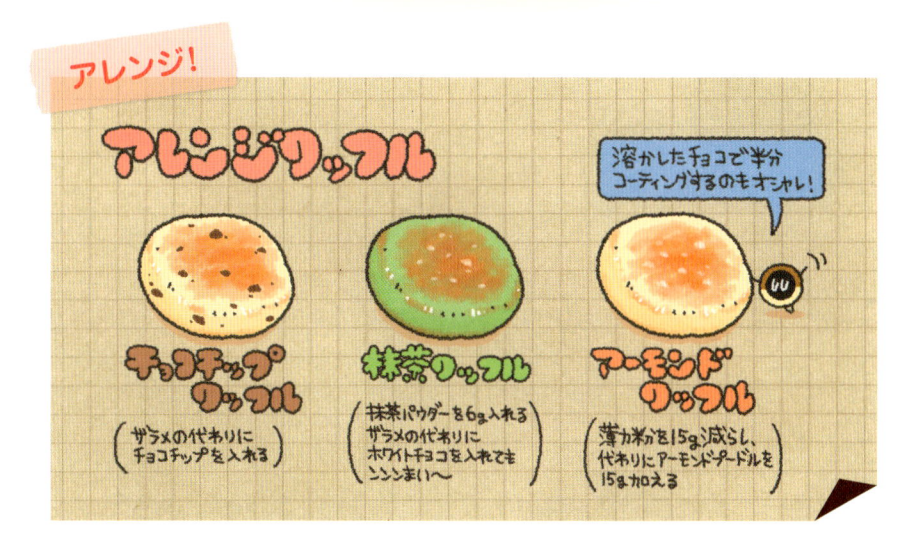

火力が強めのコンロならば4分くらいで、一度様子を見てみて！

ザラメが溶けて、コゲているくらいが、カリッとしてンンンまい〜

アメ状になってる〜

かんせい

フワッ

カリッ

ザラメの食感がとってもンンンまい〜

アレンジ！

アレンジワッフル

溶かしたチョコで半分コーティングするのもオシャレ！

チョコチップワッフル
（ザラメの代わりにチョコチップを入れる）

抹茶ワッフル
抹茶パウダーを6g入れる
ザラメの代わりにホワイトチョコを入れてもンンンまい〜

アーモンドワッフル
薄力粉を15g減らし、代わりにアーモンドプードルを15g加える

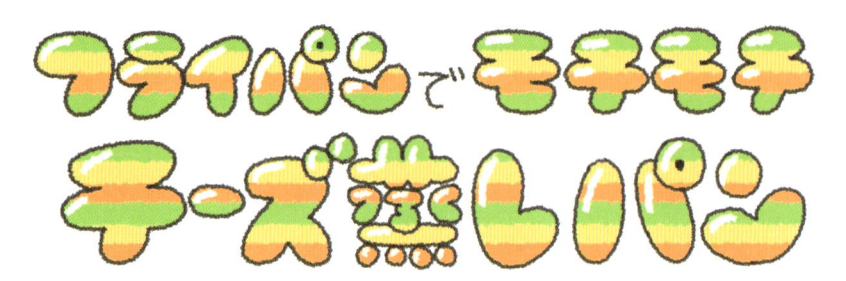

フライパンでモチモチ チーズ蒸しパン

20分もあればできる蒸しパンなので、朝食にもピッタリ！

材料
（各4個分）

●チーズ
- 薄力粉…50g
- ベーキングパウダー…小さじ1弱(3g)

A
- 牛乳…35cc
- スライスチーズ…1枚半〜2枚

B
- 卵…1/2個
- マーガリン…5g

●プレーン
- 薄力粉…50g
- ベーキングパウダー…小さじ1弱(3g)

A
- 牛乳…35cc

B
- 卵…1/2個
- 砂糖…15g（甘くする時は25g）
- マーガリン…7g

●ノンエッグノンオイル
- 薄力粉…50g
- ベーキングパウダー…小さじ1弱(3g)

A
- 牛乳…45cc

B
- 砂糖…15g（甘くする時は25g）

1 Aを耐熱ボウルに入れ、ラップをして電子レンジで30秒チンしてチーズが溶けたら、Bを入れよく混ぜる。

マーガリンは、サラダ油でもバターでもOK！

溶けるチーズでも作れるよ

2 薄力粉、ベーキングパウダーを入れ混ぜたら、アルミカップやシリコンカップ、ココット型などに7〜8分目まで生地を流す。

ダマになりにくいので、ふるわなくても大丈夫!!

蒸しているうちに開いちゃうんだ…

アルミカップは、お弁当用の薄いものではなく、厚めの硬いものを使って下さい〜

3 フライパンに1cmくらい水を入れ、沸騰させ、生地の入ったカップを並べる。フタをして10〜12分、極弱火で加熱する。

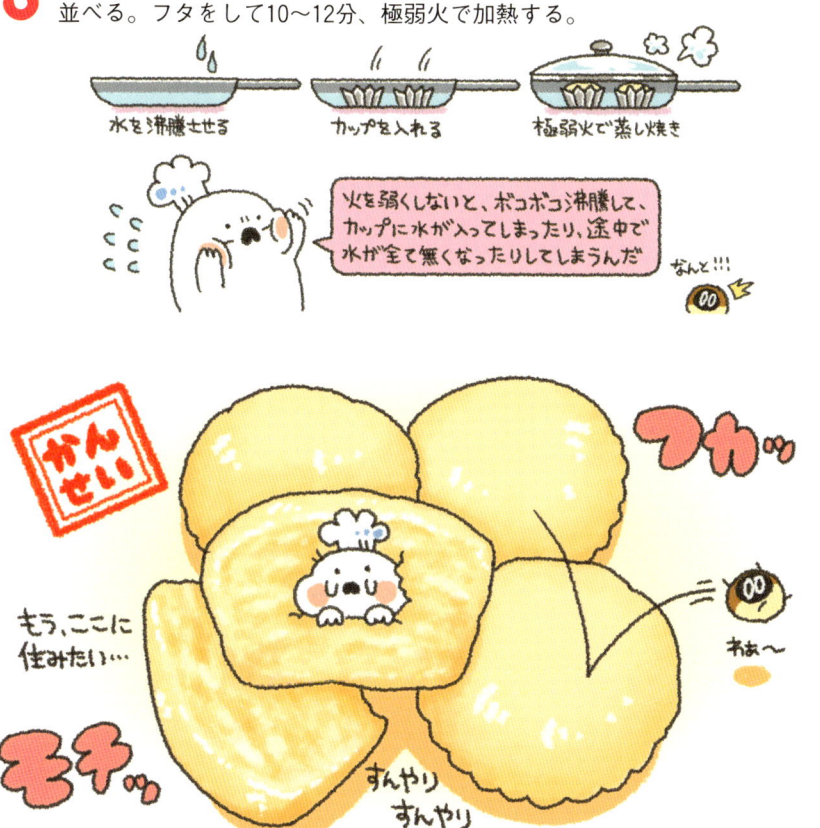

水を沸騰させる　カップを入れる　極弱火で蒸し焼き

火を弱くしないと、ボコボコ沸騰して、カップに水が入ってしまったり、途中で水が全て無くなったりしてしまうんだ

なんと!!!

かんせい

フカッ

もう、ここに住みたい…

モチッ

ふんわりふんわり

ねぇ〜

アレンジ！

アレンジ蒸しパン

プレーン生地に色々な具を入れて作ろう!!

ポテトサラダ
もぐもぐ
クリームソースみたいにとってもクリーミーでンンンまい〜

ぎょーざの具
ぎょーざまんみたいでとってもジューシー

てりやきマヨ
夕飯の残りを入れたところ、ヒット！ぼくのお気に入りです

思いたったらすぐできる フライパンでピザ

とっても簡単に作れるから、もうデリバリーいらず!?
色々な具をのせてたくさん焼いて、ピザパーティーはいかが？

材料
(直径約18cm 1枚分)

A
- 強力粉…100g
- ベーキングパウダー…小さじ1弱(3g)
- 塩…ひとつまみ
- 水…50〜60cc

■ 好みの具材
(チーズ、ウィンナー、ピザソース、ピーマンなど)…適量

1 ボウルにAを加えてよく混ぜたら、ラップにくるんで10分程寝かせる。

生地がベタベタしたら粉をもう少し増やして、パサパサだったら水を加えて調節して下さい

仕上がりのモチモチさが少し減るけど、薄力粉でも作れるよ〜!!! 強力粉より軽い食感！

生地を少しおくと扱いやすくなるんだ

その間に、具材を切っておくと、時間短縮だね

2 クッキングシートを20cm×20cmに切り、生地をのせて丸くのばす。形を整えたら、フォークでいくつか穴をあける。

焼くとだいぶふくらむので、薄めにのばそう

ベタベタしたら、打ち粉をしながら生地をのばそう

この作業は省いてもOKだ〜〜!!

フォークで穴をあけることを「ピケ」って言うよ！焼いた時に生地が浮きあがるのを防ぐよ！

3 ②をクッキングシートごとフライパンにのせ、好みの具材をのせたら、フタをして弱火で10分程焼く。

- 火がついていないフライパンにのせる
- ソースを塗り、好きな具をのせる
- フタをして、弱火で10分程焼く
- 完成〜!!

小さいピザをいくつも作っても、よいね〜!

生地は厚くするとフワッと、薄くするとパリッとなるよ!!

かんせい

美味しそうにできたね!

デデーン♪

うん!うん!

アレンジ!

オススメ具材

- トマトソース、ウィンナーモッツァレラチーズ、バジル
- ツナマヨ、アスパラガスピザチーズ
- てりやきチキン、コーン、ピザチーズ

つけて美味しい！塗って美味しい！パンのおともレシピ！

こんがり焼いた食パンに、たっぷり塗って食べたいクリーム＆ジャムをご紹介！

カスタードクリーム （3〜4人分）

1 ボウルに薄力粉20g、砂糖30g、全卵1個を入れて、よく混ぜる。電子レンジで30秒加熱した牛乳200ccを2〜3回にわけて加え、混ぜる。

> バニラエッセンスを少し入れると、美味しくなるよ〜!!!
> うーん！よい香り!!
> 全卵1個の代わりに卵黄2個で作ると、濃厚カスタードに!!
> つんつん

2 ①を鍋に移して、弱火で焦がさないように注意しながら混ぜ、練りあげる。好みの固さになったら完成！

> 常にかき混ぜて！コゲ防止だ〜！
> うぉぉおぉぉぉっ!!

アレンジ！

アレンジクリーム

- **抹茶クリーム** — 抹茶パウダーを2g加えて弱火で練りあげる
- **チョコクリーム** — カスタードクリームに湯せんしたチョコレート25gを加え混ぜる
- **レモンクリーム** — カスタードクリームにレモン汁15ccを加え混ぜる

ミルクジャム （3〜4人分）

1 鍋に牛乳300cc、砂糖120gを加え、中火で混ぜながら煮る。

> ラム酒やブランデー、バニラエッセンスを入れると香りがよい〜

> 火にかけて10分程経ったら弱火にするとコゲにくい！

ぼくは、ラム酒派！

2 量が半分程になり、ほんのり茶色になったら完成！

> 冷めると固くなるので少しゆるめの状態で火を止めると丁度よいよ

> 熱湯消毒した入れ物に入れたら、冷ましてからフタをして、冷蔵庫へ〜！

サッ

キュッ キュッ

フタに水滴がつくのを防ぐよ!!

アレンジ！

アレンジミルクジャム

- コーヒー ＋インスタントコーヒー2g
- ココア ＋ココアパウダー4g
- 抹茶 ＋抹茶パウダー2g
- 紅茶 紅茶のティーバッグ1つを牛乳で煮ておく

> 牛乳の半量を生クリームにして作ると、コクのあるミルクジャムになるよ〜！

COLUMN 1
すぐにできちゃう トーストレシピ

いつものトーストにほんのひと工夫するだけ。
あっという間に絶品トーストのできあがり！

マヨたまトースト

濃厚！
目玉焼きトースト！

① マヨネーズで枠を作るようにしぼり出す（高さを作る）
② その中に卵を落とし、様子を見ながらトースターで焼く

ウォォ

マシュマロトースト

① 練乳を塗って、シナモンやココアパウダーなどをふりかける（と、ンンんまい〜！）
② マシュマロをのせたら、トースターで焼く

マシュマロが
フワフワトロトロ〜！

デローン…

すぐできる フレンチトースト

卵1個、牛乳150cc、砂糖10g〜で食パン2枚分の卵液ができるよー！

① 牛乳、卵、砂糖、バニラエッセンスの入った液にパンを浸したまま、ラップをせずに片面30秒ずつ電子レンジでチン！
② バターをひいたフライパンで焼く

アボカドマヨチーズトースト

① マヨネーズを薄く塗ったらスライスしたアボカド1/2個をのせる
② 溶けるチーズを1枚のせてトースターで焼く

お好みで、しょうゆやペッパーをふりかけて召し上がれ〜！

ぼくにも！

2章 ザクザク！フンワリ！粉ものおやつ

本格的なケーキや食感の楽しいクッキーが
オーブンなしで作れちゃうよ！

3分でできるマグカップケーキ

たった3分だから忙しい朝にピッタリ!!
モコモコ盛り上がる様子がとっても楽しいカップケーキだよ。

材料（大きめのマグカップ〈9.5cm×7cm使用〉1個分）
- 薄力粉…45g
- 卵…1個
- 牛乳…15cc
- 砂糖…20g〜
- ベーキングパウダー…小さじ1/2（2g）
- サラダ油…小さじ1（4g）

1 材料を全て大きめのマグカップに入れて、混ぜる。

> コップは小さすぎると生地が溢れてしまうので大きめので作って下さい〜!!

2 電子レンジで2分半程チン！

（30秒後）（2分後）

様子を見て取り出してね

かんせい

わはは

ウオォォ…

モワ モワ モワ

アレンジ!

アレンジでもっとンンンまい〜!!

砂糖の代わりに
ジャムを大さじ2〜3
入れてもよし!!

ブルーベリージャム　いちごジャム　柚子茶

ココアパウダー
小さじ1

抹茶パウダー
小さじ1

コーヒー小さじ1

バニラエッセンスや
ココアや、溶かした
インスタントコーヒーを
加えてもよし!!

アイスや生クリームを
のせて食べると、更に
ンンンまい〜!!!

アイスクリームのせ　生クリームのせ

えっ、ぼくも!?

混ぜて炊くだけ！フワフワ！バナナケーキ

材料を混ぜたら、スイッチを押すだけの手軽さが魅力。
洗い物が少なくてすむのもよいところ！

材料（5合き炊飯器1個分）

- 絹豆腐…150g
- バナナ…中3本 or 大2本
- ホットケーキミックス…150g
- 卵…2個
- 砂糖…40g

1 絹豆腐は潰しておく。バナナは粗めに潰しておく。

> どちらも、ビニール袋に入れて、ぐにぐに潰せば楽チンだよ〜

> 完熟バナナがオススメー!!

2 5合炊きの炊飯器に全ての材料を入れて混ぜたら、普通に炊く。

> ホットケーキミックスが無い場合は薄力粉125g、砂糖15g、片栗粉5g、ベーキングパウダー3gで代用できるよ

> バニラエッセンスを加えるのオススメ！

3 一度炊けたら竹串を刺して、生地がついてくるようならもう一度炊く。
できたら温かいうちにケーキクーラーに出して冷ます。

ぐるっと
ゴムベラで周りを
はがしておく

カポ
ケーキクーラーの上に出す

ケーキクーラーは
100均にも売っているよ

食べる分以外は温かい
うちにラップでくるもう〜

かんせい

フワッ

温かいうちは
ホワホワ〜!!

ホワッ

ラップでくるんで
1日おくとしっとり!!

アレンジ!

アレンジバナナケーキ

バナナと
ココアって
よく合う〜
モグモグ
＋ココアパウダー30g

1粒を4等分して
入れてね!
＋キャラメル5〜6粒

くるみでも
美味しいよ
＋刻んだアーモンド30g
＋チョコチップ30g

すごいぞ炊飯器！

他にもまだまだある、と〜っても簡単な炊飯器ケーキ。
オススメのアレンジレシピをご紹介！

タルトタタン風

材料（5合炊き炊飯器1個分）

- リンゴ…1個
- レモン汁…適量
- バター…適量
- 砂糖…適量

A:
- ホットケーキミックス…200g
- 卵…2個
- 牛乳…130cc
- 砂糖…30g
- 紅茶の茶葉…ティーバッグ2つ分

1 リンゴは薄いくし形切りにして、レモン汁をかけておく。炊飯器の内側にバターを塗り、砂糖をふりかけたら、リンゴをキレイに並べる。

> 無農薬のリンゴなら皮ごと使うと、赤色がキレイに出るのでオススメです

> レモン汁と一緒にラム酒もかけると大人の香りになる

> 砂糖の代わりにザラメをふっても美味しいよ〜

2 ボウルにAを入れて混ぜたら①の上に流し入れて、普通に炊く。

> 紅茶の葉は入れなくてもOK

> ゴムベラでさっくり混ぜよう

> 竹串を刺してみて生地がくっついてくるようなら再度炊いて下さい!!

> 炊飯器によって2〜3回炊かないとできないものもあるみたい…

チーズケイク

材料（5合炊き炊飯器1個分）
- クリームチーズ…200g
- 砂糖…50〜60g
- 生クリーム…150cc
- 卵…3個
- レモン汁…7〜10cc
- 薄力粉…15g

1 ボウルにクリームチーズと砂糖を入れ、よく混ぜる。生クリーム、卵、レモン汁を加えて混ぜ、薄力粉を入れてサックリと混ぜる。

> 最初に常温に戻したクリームチーズと砂糖だけで混ぜよう

> クリームチーズは硬いから、先にクリーム状にしておくとよいんだ！

> 薄力粉は最後にふるい入れた方がダマなく混ぜるよ〜

> 粉ふるいは100均にも売っているよ！

2 炊飯器に入れて一度普通に炊いたら、冷蔵庫に入れて、よく冷やしてから皿に取り出す。

> 竹串を刺してみて、生地がくっついてきたらこちらも再度炊いてね！

> できたては、だいぶゆるめで、冷やすとしっかり固まるよ〜

> 冷やしてから取り出した方が崩れる失敗が少ない!!

レンジで3分 ザクザククッキー

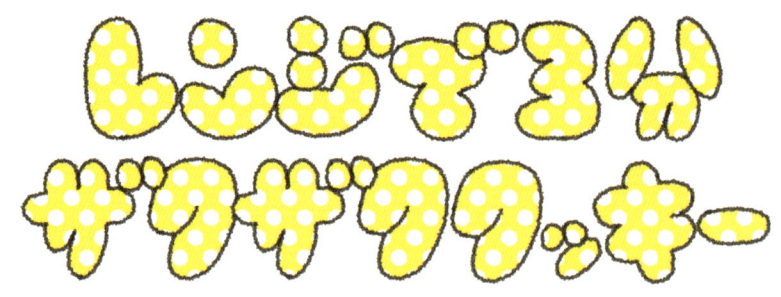

材料を混ぜて、電子レンジでチンするだけで完成。
最後に冷蔵庫に入れるのが、食感をよくする秘訣！

材料
（3〜4人分）

A
- 卵…1個
- 砂糖…70g
- バニラエッセンス…少々
- バター（マーガリンでもOK）…80g

■ 薄力粉…150g

1 ボウルにAを入れてよく混ぜ合わせたら、薄力粉を加え、ゴムベラでサックリと混ぜる。

> バターは常温に戻しておくと、混ぜやすいよ〜！

> 薄力粉は、ふるわなくてOK！

2 クッキングペーパーにスプーンで一口大に落としながら、生地を並べる。この時、ふくらむので間隔をあけておく。

> しぼり出してもよいよ〜!!

ドスンッ

3 電子レンジで2分30秒〜3分加熱して、粗熱をとる。冷蔵庫に入れるとザクザクになりやすい！

オーブンで焼くと、外から コゲるけれど、電子レンジは 中からコゲていくよ！

2分あたりから、取り出して 様子を見つつ焼いて下さい〜

ザクッ ザクッ

かんせい

混ぜて焼くだけだから、 思いたったらすぐ作れる！

アレンジクッキー

ココア　コーヒー　抹茶

刻んだチョコやナッツ

完全に冷めてから デコレーションしてね！

アイシングやチョコペンでデコレーション

アレンジ！

フライパンでザクザクビスコッティー

オーブンがなくても、ザクザクなビスコッティーはできる！
歯ごたえよく作る秘訣は、電子レンジ!!

材料（2人分）
- 卵…1個
- A
  - 薄力粉…100g
  - 砂糖…30g
  - ベーキングパウダー…小さじ1（4g）
- 板チョコ…1/2枚（25〜30g）
- ナッツ…25g

1 ボウルに卵を入れて、溶きほぐす。Aを加えて混ぜたら、刻んだ板チョコ、刻んだナッツを加え混ぜる。まとまってきたらまな板に打ち粉をして生地をのせ、厚さ2〜3cmの楕円形にする。

混ぜていくうちにまとまるよ〜
どうしてもパサパサだったら様子を見ながら牛乳を足してね
チョコもナッツもザク切りで!!
特にチョコは細かくしすぎると溶けちゃう

2 フライパンにクッキングシートを敷いて生地を置き、フタをして極弱火で片面10分ずつ焼く。触ってみて生なら、様子を見ながら更に焼く。やわらかめのクッキーのような状態になったら1cm幅に切る。

フタをして両面焼く  
横がプヨプヨしていたら、まだ生!! ココ!!
焼けたかチェック
崩れないように優しく、1cm幅に切る

3 切ったビスコッティーをクッキングシートに間隔をあけて置く。電子レンジで5分チンしたら、出して冷ます。

↓このまま入れるよ↓

レンジによってパワーが違うので、コゲ臭くなってきたら様子を見て下さい!!

かんせい

ホットミルクやコーヒーに浸して食べても美味しい!

ガリガリ

ガリ

アレンジ!

アレンジビスコッティー

- 砂糖の半分をザラメに代える
- ＋抹茶パウダー6g チョコをホワイトチョコに
- ＋インスタントコーヒー4g ＋刻んだプルーン

ビニール袋とフライパンで メロンパン風ソフトビスケット

周りはサクサク、中がホロッとしたソフトビスケット風。
見た目がかわいいのでプレゼントにも!!

材料（2人分）

A
- 薄力粉…120g
- 卵…1個
- 砂糖…30g
- バニラエッセンス…少々

- ■ バター（マーガリンでもOK）…40g
- ■ グラニュー糖…適量

1 ビニール袋にAと、電子レンジで30秒チンして溶かしたバターを入れてモミモミ。

「粉はふるわなくてOK！」
「ドサドサと入れちゃって下さい〜」
ドサッ
おっと…

2 まとまったらクッキングシートの上に出して形を整える。スティック状にするなら、平たく四角にのばし、メロンパン形なら、ピンポン玉より小さい平らな円形にする。

「スティック状の方ができあがりはカリカリになるよ〜」
ペタペタ
「メロンパン型はソフトスコーンみたいな食感！」

3 ナイフで切り込みを入れたら、フライパンの上にシートごと生地をのせ、フタをして極弱火で20分焼く。表面にグラニュー糖をまぶし、裏返してフタを取ったまま5分焼く。好みの焼き色になるまで更に焼き、粗熱をとる。

切り込みを入れる時は
ナイフを水でぬらしながら
入れるとキレイにできる！

グラニュー糖は
無くてもOKだよ

ジャーン

周りは少し焦がして
カリッとさせた方が
ンンンまい〜！！

ズル ズル

ぐうぐう

かんせい

サク サク

キャッキャッ

アレンジ！

アレンジソフトビスケット

＋チョコチップ

＋ココアパウダー5g

＋抹茶パウダー3g

オーブンで焼く場合は
180℃で20分くらいだよ〜

うぉ
おぉ

ザクザク！クランチチョコ

ココアクランチをチョコレートでコーティング。
ザクザクした食感がやみつきになるよー！

材料
（2〜3個分）
- オレオ…4枚（40g）
- ビスケット…15〜20g
- 板チョコ…1枚（50〜60g）

1 オレオをビニール袋に入れて細かく砕く。ビスケットを手で少し大きめに割り、オレオと合わせて皿に出しておく。

> オレオはクリームごと砕いてね

> クッキーよりもビスケットの方が食感的によい〜

パキパキ

ウォォォ!!

2 板チョコを湯せんして溶かしたら、①の皿に2/3入れて、まんべんなく混ぜる。

ヨイショ！ヨイショ！

> フライパンで水をアチチ！ってくらいまで温めたら火を止めてチョコが入った器を入れて、溶かすよ！

2/3！

トロリ〜

3 クッキングシートを敷いた皿かバットの上に出し、厚さ1cm位の長方形に整える。上から残しておいたチョコレートを塗り、コーティングして冷蔵庫で冷やす。固まったら、2〜3等分に切る。

クッキングシートの上にクランチチョコレートを出す

厚さ1cm位の長方形にする（ぶ厚くすると、食べる時に固くなってしまうので注意）

残しておいたチョコレートで周りをコーティングする

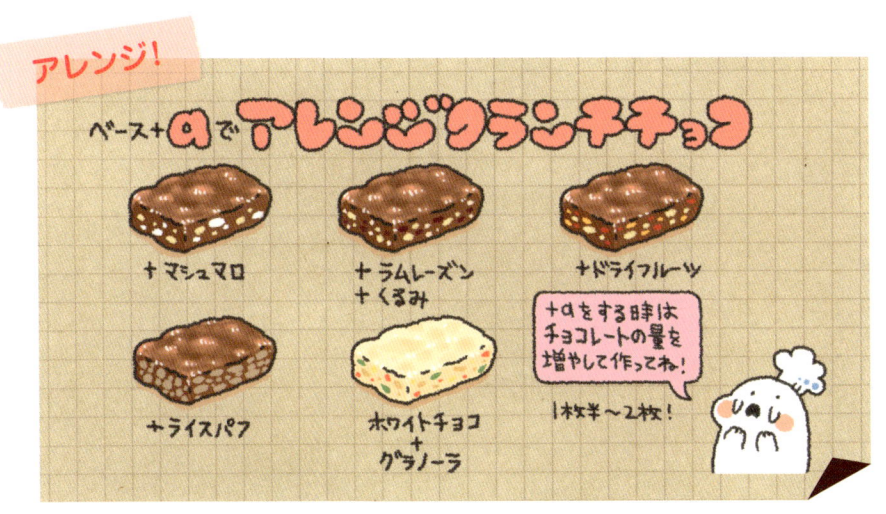

かんせい

ベース+αでアレンジクランチチョコ

+マシュマロ

+ラムレーズン
+くるみ

+ドライフルーツ

+ライスパフ

ホワイトチョコ
+グラノーラ

+αをする時はチョコレートの量を増やして作ってね！

1枚半〜2枚！

レンジでザクザクジュワ〜まいラスク

一口サイズだからヒョイヒョイ食べられちゃう♪
パンの耳だけでも作れるお手軽レシピだよ！

材料（食パン1枚分）
- 食パン…6〜8枚切り1枚
- バター（マーガリンでもOK）…20g
- 砂糖…5g+5g（1と3で使用）

1 食パンを24等分してボウルに入れる。電子レンジで30秒加熱して溶かしたバターを加え、まんべんなく混ぜたら砂糖5gを加え、更に混ぜる。

> 普通の包丁で、パンを潰さず上手に切るには包丁を少しだけコンロであぶるとよいよ〜

> フランスパンでも美味しく作れるよ

2 クッキングシートの上に重ならないように並べ、電子レンジで1分チンしたら、扉をあけて様子を見る。この加熱を計3回行う。

> レンジによってパワーが違うのでコゲ臭くなったら、すぐ止めてね

3 温かいうちに砂糖5gをまぶしたら、そのまま冷ます。

温かいうちの方が砂糖がくっつきやすいよ!!

パラパラ

甘すぎるのが苦手な方は、2回目の砂糖をかけずに乾かしてね

ざくざく

かんせい

パン耳だけでも作れるのがよい〜

ザク ザク

おやつに！
おつまみに！

アレンジラスク

アレンジ！

きなこでもンンまい〜！

＋シナモン
（3で砂糖と一緒に好みの量を入れる）

お酒にも合う〜!!

＋にんにく、パセリ
（砂糖は入れずに作る。にんにく1/2〜1片をすりおろし1に加え、3でドライパセリと塩をふり、味を調える）

シフォンケーキやカステラで砂糖を控えめにしてラスクにしても美味しい！

モグモグ

半解凍が美味しいクレープアイス

給食でおなじみのクレープアイスが家で作れるよ。
お好みのジャムでどうぞー！

材料（8個分）

●**生地**
- 薄力粉…100g
- 砂糖…20g
- 牛乳…200cc
- 卵…1個
- バター…適量

●**中身**
- クリームチーズ…200g
- 砂糖…30g
- ヨーグルト…160g
- レモン汁…10cc
- 粉ゼラチン…5g
- お湯…40cc
- 好みのジャム…適量

1 生地を作る。ボウルに薄力粉と砂糖を入れて混ぜたら、牛乳と卵を混ぜ合わせたものを少しずつ加えながら混ぜる。フライパンにバターを熱し、極弱火でクレープ生地を8枚焼く。

> フライパンは温めてから使うと上手にできる！
> バターはひいても！ひかなくても！
> アチチ！
> おたまですくいよりちょっと少ない位で1枚できるよ〜
> 薄くのばして焼こう〜！

2 ボウルにクリームチーズと砂糖を入れてハンドミキサーで混ぜ、ヨーグルトとレモン汁を加えて混ぜる。粉ゼラチンをお湯に溶かしたものを加えて更に混ぜ、冷蔵庫で30分程冷やす。

> 最初に常温に戻しておいたクリームチーズと砂糖だけで混ぜよう！
> 一気に混ぜるとクリームチーズが上手に混ざらないんだ…
> お湯は、レンジで30秒チンすればOKだーっ!!
> ゼラチン液お待たせ〜

3 ②がムースっぽくなったらざっくり混ぜ、クレープ生地の半分に塗り、まん中にジャムを置いて半分に折りたたむ。ラップでくるんだら冷凍庫へ入れる。

パタン…

あらかじめ、ラップの上で作業するとすぐ包めるよ!!

ウォォ!たのしみ!

だいたい1時間で固まる〜!!

かんせい

ズリズリ

トロリ

シャリッ

スンヤリ

アレンジ!

オススメ具材

いちごジャム　　ブルーベリージャム　　みかんの缶詰

フライパンでフォンダンショコラ

トロ〜リ感が絶妙なフォンダンショコラ。
冷めたら電子レンジで軽くチンして食べてね。

材料（6個分）
- 卵…1個
- 砂糖…30g
- 板チョコ…1枚（50〜60g）
- バター（マーガリンでもOK）…40g
- 薄力粉…20g
- ココアパウダー…5g

1 卵と砂糖をボウルに入れて、白くもったりするまでハンドミキサーで泡立てる。別皿に刻んだ板チョコとバターを入れ、ラップをせずに電子レンジで30秒チンする。よく溶かして混ぜたら、卵液に加え、サックリと混ぜる。

全卵入れて大丈夫だよ！
もったり〜もったり〜

2 ①に薄力粉とココアパウダーを2〜3回にわけて入れ、サックリと混ぜたら、上部分を1/3切り取った紙コップに注ぐ。

カット

入れる量が少ないかな？ってくらいが丁度よいよ！

早く焼こう〜！
早く焼こう〜！

3 フライパンの上に紙コップごと置き、フタをして極弱火で35～40分焼く。

竹串を刺して中の方が焼けていれば完成

上は少し生っぽい仕上がり！

普通、フォンダンショコラは中がトロ～っとしているけど、これはフライパンで焼いているので、上がトロ～っとしているよ!!

モグモグ

かんせい

トロッ

ていっ！

アレンジ！

アレンジフォンダンショコラ

板チョコをホワイトチョコに代えて、ココアパウダーは抜いて作る

板チョコをホワイトチョコに代えて、ココアパウダーを抹茶パウダーにする．

同じ量の生地を180℃に予熱したオーブンで10～15分焼くと、中がトロ～っとしたフォンダンショコラになるよ!!

こちらもシンプルに～

トロリーーッ

材料2つだけ！ガトーショコラ

たった2つの材料を混ぜて
焼くだけ！
ただそれだけなのに、
しっかりガトーショコラだよ。

材料
（牛乳パック型1個分）
- 板チョコ
  …1枚（50〜60g）
- 卵…1個

●牛乳パック型の作り方

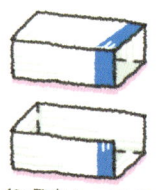

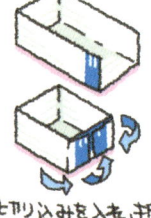

上部分を切り取る　側面を切り取る　切り込みを入れ、折る　ホチキスで止める　完成!!

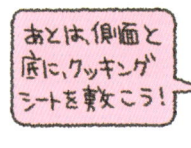

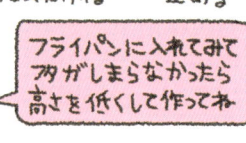

あとは、側面と底に、クッキングシートを敷こう！

ジャーーン!!!

フライパンに入れてみてフタがしまらなかったら高さを低くして作ってね

●ガトーショコラの作り方

1 板チョコは細かく刻み、湯せんして溶かす。卵は卵白と卵黄にわける。卵白をボウルに入れてよく泡立て、しっかりとしたメレンゲを作る。

ハンドミキサーでメレンゲを作ると楽チンだよ〜!!

ボウルを逆さに返しても、たれてこない位しっかり！

トリャッ!!

2 ①のチョコに卵黄を加えてゴムベラで混ぜ合わせたら、メレンゲを入れ、泡を潰さないようにサックリと混ぜる。

3 生地を牛乳パック型に流し入れ、フライパンの上に置いたら、フタをして弱火で30〜35分焼く。冷蔵庫で十分に冷やしてから型からはずす。

フライパンでフワフワカップシフォン

シフォンケーキ型がなくても大丈夫。
紙コップで作れる手のひらサイズのシフォンだよ！

材料（3個分）

●卵黄液
A
- ホットケーキミックス…20g
- 砂糖…10g
- 牛乳…10cc
- 卵黄…1個分
- バター（マーガリンでもOK）…10g

●メレンゲ
- 卵白…1個分
- 塩…ほんの少し
- 砂糖…10g

1 ボウルにAと電子レンジで20秒チンして溶かしたバターを入れて混ぜる。

もし、ホットケーキミックスが無い場合は、薄力粉15gとベーキングパウダー2g、砂糖3gで代用してね

溶かしバターはマーガリンでもOKだよ〜‼

ヒョイッ

2 別のボウルに卵白と塩を入れて、しっかりとしたメレンゲを作る。砂糖を加えて更に混ぜ、ツヤのあるメレンゲにする。

塩をお願いします‼

塩はほんの少しだけ‼

メレンゲが安定しやすくなるんだ

レモン汁も塩と同じ働きがあるので、こちらでもよい〜

2滴くらい！

3 ①の卵黄液に②のメレンゲを2〜3回にわけて入れ、サックリと混ぜる。上の部分を1/3切り取った紙コップに生地を入れてフライパンに並べ、フタをして極弱火で約25分焼く。

表面が乾いていれば完成！

ちょん…
ちょん…

フライパンのフタがしまらない場合は鍋でもOKだよ〜

熱が逃げないことが大切！

オ…オモイー

かんせい

周りの紙をむくと食べやすいよ〜

ペリペリ

フワ…

アレンジ！

アレンジ！マーブルシフォン！

できた生地の半分を別のボウルに入れて板チョコ15gを湯せんしたものと合わせる

さっくり！
さっくり！

プレーン生地とチョコ生地を合わせ、数回混ぜたら紙コップに入れて焼く

混ぜすぎるとマーブルにならないので注意！

抹茶やジャムでも！

フライパンでカンタン バームクーヘン

ミルフィーユのように、何枚も生地を重ねていくと
キレイな層のバームクーヘンができちゃう！

材料
（2人分）

A
- ホットケーキミックス…100g
- 片栗粉（コーンスターチでもOK）…50g
- 砂糖…120g

■ バター…40g

B
- 卵…2個
- 牛乳…100cc
- はちみつ…30g
- バニラエッセンス…少々

1 ボウルにAを入れてよく混ぜる。電子レンジで20秒加熱したバターとBを加え、ダマがなくなるまで混ぜる。

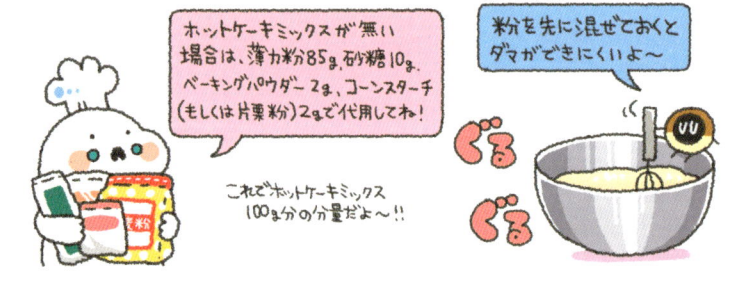

> ホットケーキミックスが無い場合は、薄力粉85g、砂糖10g、ベーキングパウダー2g、コーンスターチ（もしくは片栗粉）2gで代用してね！
> これでホットケーキミックス100g分の分量だよ〜!!
> 粉を先に混ぜておくとダマができにくいよ〜

2 フライパンに生地を薄く流し入れ、両面がキツネ色になるまで焼き、一度皿に取り出す。フライパンに同じ量の生地を流し入れたら、取り出した生地を重ねる。焼けたら生地を取り出し、同様に全て重ねて焼き上げる。

- コゲやすいから弱火で… / 両面、一枚焼く
- 取り出して、生地を流す
- 押してあげると厚さが均一になる！ / すぐ重ねて焼く

3 焼き上がったらすぐにラップで包み、冷蔵庫に入れて冷ます。冷めたら包丁で好みの大きさに切る。

翌日になると、しっとりするよ～

もりッ

かんせい

一枚ずつはがして食べたい～！

よいしょ！よいしょ！

ペリ

よいしょ！よいしょ！

ペリ

アレンジ！

アレンジバームクーヘン

焼く生地を途中で代えると、オシャレ！

ジャーン!!

← ピスタチオ
← ココアパウダー濃いめ
← ココアパウダー薄め
← プレーン

+チョコチップ

抹茶パウダー + ココア

抹茶パウダー + ホワイトチョコ

+いちごジャム

COLUMN 2
レシピを成功させるコツ PART 1

パンやおやつ作りで大切なのは、上手にふくらませること。
ふくらむ仕組みと成功の秘訣を教えるよ！

薄力粉＋砂糖＋ベーキングパウダーの総量
↓
同じ重さのホットケーキミックスで代用可能

3分マグカップケーキもホットケーキミックスで作れちゃう〜!!

あ!あ! 1人だけずるい〜!!

モグ モグ

Q. ベーキングパウダーを入れる量って少ないので、抜いて作っても良いですか？
A. 是非入れて下さい〜!!!

ベーキングパウダーはふくらませるチカラがあるものなので、抜いて作るとペシャンコに…

ウッ! ペシャン ウッ!

ここでは、材料について、お話していくよ〜!!

失敗しないためのポイントだね〜!!

・重曹の方がベーキングパウダーより2倍ふくらませるチカラが強い！

・重曹は熱に反応してふくらむので、生地を寝かせることが大切。ベーキングパウダーは、水と空気に反応してふくらむので、すぐに焼くことが大切。

・重曹は横にふくらみ、ベーキングパウダーは縦にふくらむ。

・重曹は焼き色が濃く、独特のクセ(風味)がある。

どちらも100均に売っているよ〜!!

Q. 重曹もふくらむものですが、ベーキングパウダーの代わりに入れてもよいのですか？
A. 作るものによります!!

ベーキングパウダーは洋菓子、重曹は和菓子によく使われているよ!!

まんじゅう! どら焼き!

【自家製ホットケーキミックス】
ホットケーキミックス100g分

・薄力粉80g
・砂糖10g
・片栗粉7g
・ベーキングパウダー3g
・塩ほんの少し
↓
全ての材料を袋に入れてシャカシャカ振ろう〜!!

買うよりもずっと安いし、よ〜くふくらむよ!!!!

つづく

Q. ヨーグルトを入れたのにホットケーキがふくらまないのですが、なぜ？
A. 時間をおきすぎてしまったり、混ぜすぎてしまうと、ふくらまない〜!!

二酸化炭素が発生する反応は、すぐに終わるので早く焼こう！

混ぜすぎて気泡をつぶさないように。

Q. ホットケーキにヨーグルトやレモン汁を入れると、なぜふくらむ？
A. ベーキングソーダのおかげ！

ぐらぐら

ベーキングパウダーの中のベーキングソーダがヨーグルトとレモン汁に反応して、二酸化炭素を出すからふくらむよ！

※重曹も反応するよ！

【重曹でどら焼き】
(約8個分)

昔ながらのどら焼き皮だよ〜!!

・薄力粉100g
・重曹小さじ1/2
・卵2個
・砂糖80g
・はちみつ小さじ2
・牛乳15〜30cc
↓
1〜2時間生地を寝かせて焼いてね！
あんこや生クリームを挟んで!!!

3章 ヒンヤリ美味しい！固めるおやつ

アイス、プリン、ゼリーなどなど、
混ぜて固めるだけで完成するお手軽なおやつだよ！

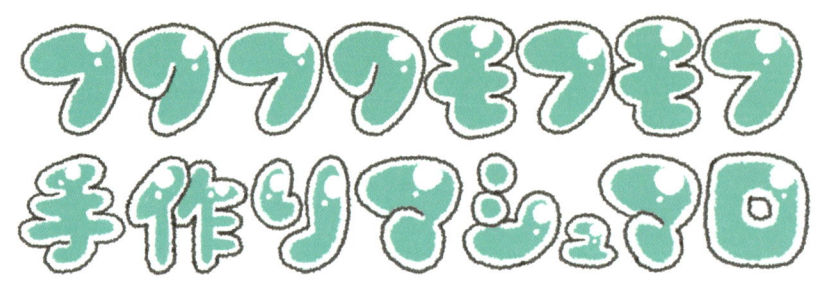

フワフワモフモフ手作りマシュマロ

手作りすると驚く程にモフモフ、フワフワ！
是非できたてを味わってみて。

材料
(2～3人分)

- 粉ゼラチン…10g
- 水…50cc
- 卵白…1個分
- 砂糖…50g
- レモン汁…5cc
- ココアパウダー…適量

1 コップに粉ゼラチンと水を入れ、ふやかしておく。ボウルに卵白を入れてハンドミキサーで泡立てる。2～3回にわけて砂糖を加え、メレンゲを作る。

> メレンゲ作りのコツは、水気が全くなくて、汚れもないキレイなボウルを使うことだよ～!!

> ほんの少しの汚れでも泡立たない原因になるよ

> 低速で混ぜていってクリーミーになったら2～3回にわけて砂糖を加えつつ高速で!!

2 ①のコップを電子レンジで30秒加熱し、メレンゲのボウルに加える。レモン汁も加え、ハンドミキサーでよく泡立てる。

> 温かいまま入れてOK!

> 長時間混ぜすぎると、固まってきてしまうので注意!!

わぁぁっ!!
モフ モフ モフ

3 クッキングシートを敷いた容器に②を流して、冷蔵庫で1〜2時間冷やす。
固まったらココアパウダーをまぶしながら、好みの大きさにカットする。

粉分はダマめに！
たっぷりと！

タタめの方が
扱いやすいよ〜！！

ファサ〜

できたてだから味わえる
このモフモフ感〜！！！

ムニーッ

かんせい

はなす
モのかー！！！

ブラン…

アレンジ！

アレンジマシュマロ

コーンスターチをまぶせば
よく見る白いマシュマロに！

仕上げにまぶすココアパウダーを
代えて、色々なフレーバーを楽しもう！

コソ…

抹茶パウダー
コーンスターチ

きなこ
すり黒ごま

マシュマロデザート
チョコババロアケーキ

メレンゲとゼラチンでできているマシュマロで、
手軽にババロアケーキが作れちゃう！

材料（牛乳パック型1個分）

- クッキー…40g
- バター…20g
- チョコレート（ビターがオススメ！）…25g

A
- マシュマロ…50g
- 牛乳…100cc
- ココアパウダー…6g

P52の、ガトーショコラを作る時に紹介した牛乳パック型を使うよ

だいたい、牛乳パックの半分の長さになるくらいが丁度よいサイズ!!

ジャーン!!!

1 クッキーを砕いて溶かしたバターと混ぜ、牛乳パック型の底に敷き詰める。

バターは電子レンジで20秒程、加熱してみてね～！

あっという間だ～!!

スプーンの背などで少し押しつける感じに敷き詰めよう！

ギュッ

2 鍋にAを入れて煮溶かし、火を止めたら細かく刻んだチョコレートを入れて溶かす。①の型に流し入れ、冷蔵庫で冷やし固める。

チョコレートは必ず火を止めてから投入して下さい…

火を入れすぎるとチョコレートが分離してしまうんだ…

ホワイトチョコバージョンを作る時は、ココアは入れず、ホワイトチョコの量を50gにして使ってネ！

ノーマルタイプはブラックチョコがオススメだよ～

レアチーズババロアケーキ

材料（牛乳パック型1個分）
- クッキー…40g
- バター…20g

A:
- マシュマロ…50g
- クリームチーズ…100g
- 牛乳…100cc

- レモン汁…15cc

1 クッキーを砕き、電子レンジで20秒加熱して溶かしたバターと混ぜたら、牛乳パック型の底に敷き詰める。

> チョコムースケーキと同様だね〜

> クッキーの他に、底にスポンジケーキやカステラを敷いても美味しい！

> 崩して敷き詰めてもそのままでも〜

2 鍋にAを入れて煮溶かし、火を止めたらレモン汁を入れてよく混ぜる。①の型に流し入れ、冷蔵庫で冷やし固める。

> お急ぎならレンジで少し加熱でもよいよ！

> クリームチーズは、常温に戻しておくと溶けやすい〜

> しっかり冷やさないとナイフを入れた時に崩れちゃう！！

> 取り出す時は、牛乳パック型の四隅を切り開こう〜

> 銅カステラを下に敷き詰めても美味しそうだよね…

> 牛乳パック型以外にも、カップデザートにしたり、ホール型で作ってもオシャレ！抹茶パウダーをビスケットにもクリームチーズにも混ぜれば緑がキレイな抹茶チーズムースに！

> エッ！エッ！

> ウオオオ…

濃厚！バニラアイス！

動物性生クリームを使うと、本格風味の濃厚アイスが完成！
ちょっとさっぱりめにしたい時は、植物性を使ってみてね。

材料
（2〜3人分）
- 生クリーム…70cc
- 砂糖…20g
- 卵…1個
- バニラエッセンス…適量

1 ボウルの中に生クリーム、砂糖を入れて泡立てる。

「ツノがピンっと立つまで〜!!」
ジャーン!!
うおおぁ〜このまま食べたい〜

2 ①に卵とバニラエッセンスを加え、泡をつぶさないようにゴムベラでよく混ぜる。

「卵は、溶いてから入れた方がよいよ」
わっ!!
「泡が残った方がふんわり仕上がる！」
はっ!!

3 密閉できる保存容器に入れ、冷凍庫で5時間程冷やす。

面倒な時は、ボウルにラップをして、そのまま入れちゃおう!

生クリームを泡立てて作ったから、途中で取り出して、かき混ぜなくてOKだよ～

ごめんねっ ごめんねっ
イテテ…

かんせい
ヒンヤリ
ヒンヤリ
スッ…

アレンジ!

アイスを美味しく食べよう～!!!

+ジャム　　+チョコチップ　　+砕いたオレオ　　+煎って砕いたナッツ

on黒練りごま　onきなこ、あんこ　onブランデー　on焼酎

一晩待つだけフロマージュブラン

どっしり濃厚なフロマージュブラン。
お好みのジャムやソースを合わせて食べてね！

材料
（2人分）
- ヨーグルト…150g
- 砂糖…10g
- 生クリーム…60cc

1 ボウルに全ての材料を入れ、よく混ぜる。

加糖ヨーグルトを使うならば、砂糖を入れなくてOK！

泡立てずに混ぜよう〜

2 コーヒードリッパーにフィルターをセットしてコップの上に置き、①をフィルターに注ぎ、ラップをして冷蔵庫で一晩おく。

ドリッパーにフィルターをセット！
コップにセット
①を入れてラップをする

ドリッパーもフィルターも100円均一で売られているよ

ドリッパー・フィルターが無くても大丈夫!!!

ヒューン／ヒューン／ドバッ

ボウルの上にザルをのせる／ザルの上にキッチンペーパーもしくはガーゼをのせる／1の液を入れてラップをする

このすき間が大切!!

ボウルとザルの間にすき間ができることが大切!

すき間が無いと上手に水きりができないんだ…

3 皿に盛りつけて、はちみつやジャム、コンポートなどと一緒に召し上がれ～!!!

ヨーグルトの酸味が生クリームで和らいでいる～

ンンまい～

すっごい濃厚!すっごい!!!

よく、ブルーベリーのジャムをかけて食べてる～

かんせい

キャッ　キャッ　キャッ

プリン作ろ!!
ゼラチンでプリン

ゼラチンを使って冷やし固めるプリンと、
卵の力で固めるお手軽1人分プリンをご紹介！

材料（4〜5人分）

A
- 卵黄…2個
- 牛乳…400cc
- 砂糖…40g
- バニラエッセンス…適量

- 粉ゼラチン…5g
- 水…15cc

1 Aを鍋の中でよく混ぜたら、火をつける。一度沸騰直前まで熱して火を止め、水でふやかした粉ゼラチンを加え、よく溶かす。茶こしでこして、器に入れて冷やす。

アレンジ！

アレンジプリン（下記の材料＋15ccの水でふやかしたゼラチン5g）

いちごプリン
ミキサーにかけたいちご100g、牛乳350cc、砂糖40g

抹茶プリン
抹茶パウダー大さじ1、牛乳400cc、砂糖40g

ヨーグルトプリン
ヨーグルト200g、レモン汁15cc、牛乳200cc、砂糖40g

レンジでプリン

材料（1人分）

A
- 砂糖…大さじ1
- 水…3cc

B
- 卵…1個
- 牛乳…140cc
- 砂糖…15g

1 マグカップにAを入れて電子レンジで1分程チンしたら、水3cc（分量外）を加えてカップをくるくる動かしながら混ぜる。混ざったら、カラメルが固まるまで冷やしておく。

レンジ加熱後の水は、そ〜っと入れて下さい!!

ジュワリ〜

水を加える時にはねるので注意してね〜!!

ウォォ〜

2 ボウルにBを入れてよく混ぜたら、①のマグカップに注ぐ。ラップをせずに電子レンジで2分〜2分30秒加熱する。電子レンジから出したらラップをして、タオルでぐるぐる巻きにして、15分放置！

余熱を利用してプリンを固めるよ！

そのあと冷蔵庫で冷やすと、しっかり固まったプリンになるよ！

テッテレー〜!!

高さのあるコップで作ると、お皿に出す時に崩れやすい！

プルプル

すごいぞペクチン!! くだもののプリン

ゼラチンも卵も使わなくても固まるプリン。
材料はくだものと牛乳の2つだけ！

うまい！うまい！
ムシャ

さて、なぜフルーチェは固まるのでしょうか？

【ペクチンの種類】
- HMペクチン
  → 糖と酸で固まる
  （ジャムなど）
- LMペクチン
  → カルシウムで固まる
  （フルーチェなど）

くだものにはペクチンが含まれていて、固まるチカラがあります

すごい〜

スピー…

今日はこの、LMペクチンでプリンを…！！

はっ
コラコラコラコラ

作る時のPoint

使用するくだものは、できるだけ熟しているものを使って下さい！

甘さは、使うくだものによるのでミキサーで撹拌した時に、一度味見をしてみて♪

はちみつや、練乳で調節してみて〜
砂糖は溶けにくいかも…

生モノなので、どちらも1〜2日以内に食べて下さい〜

ンンンまい〜

柿プリン

材料(2人分) ■柿…1個(約200g)　■牛乳…100cc

1 柿の皮と種を取りのぞき、牛乳と合わせてミキサーで撹拌する。器に入れて冷蔵庫で冷やす。

> ミキサーが無い場合は、すりおろして牛乳を加え、5〜10分混ぜて下さい！

> 柿を器にするとオシャレ〜

バナナプリン

材料(2人分) ■バナナ…2本(約200g)　■牛乳…150cc

1 バナナを一口サイズに切ってラップをし、電子レンジで2分程チン！

> 牛乳を少し温めてココアを溶かしてから入れると、ココアプリンになるよ〜！！

> ラム酒を少し入れても美味しいよ〜！！

2 ①のバナナと牛乳をミキサーに入れ、撹拌する。器に入れて冷蔵庫で冷やす。

> ちなみに牛乳を豆乳に代えたり、絹豆腐に代えても作れるよ！
> 豆乳なら150cc！
> 豆腐なら150g！

ゼラチンでカンタン ゼリー3種レシピ

あっという間に作れちゃうゼリーのレシピ。
プルプルの口当たりも楽しい！

ゼラチンは全て、粉ゼラチン5gに水15ccを加えて、ふやかしたものを使ってね〜!!

とろ甘い桃ミルクゼリー （2〜3個分）

プル
プル

牛乳250ccと砂糖15gを鍋で煮溶かしたら、火を止めてゼラチンを投入し、混ぜる

溶けたら、ザクギリにした桃1個を加え、器に入れて冷やす

カルピスゼリー （2個分）

麦せーッ
ハーッ

鍋でカルピス原液80ccと牛乳200ccと、レモン汁少々と、ゼラチンを溶かし器に入れて冷やす

いろんなカルピスで
楽しんでみてね〜!!
水よりも牛乳で作った方がンンンまい〜！

あわあわフルーツポンチ

(3〜4個分)

> サイダー100cc、砂糖15g、ゼラチンを鍋に入れて弱火で溶かしたら、サイダー200ccを投入して、そーっと混ぜる。

> 器にくりぬいたスイカなどのくだものを入れたら、先程の液体を器の3分の1まで入れる

まだかなー…
まだかなー…

> ゼリー液の入った器と、残りの液を冷蔵庫に入れてちょっと待つ

ジャーン

オオオオ〜！
のせて！のせて！

> 器に入れたゼリーの表面が固まってきたら、残りの液を泡立てて、のせれば完成

> オレンジなどの炭酸ジュースを使って作ると、ビールゼリーっぽくなるよ!!

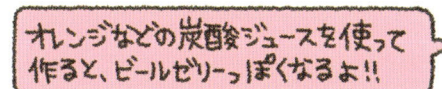

ちょっと大人の
気分だ〜！わはは！

オホン

昔なつかしいぎゅうにゅうかん

さっぱり美味しいぎゅうにゅうかん。
みかん以外のくだものを入れるのもオススメ！

材料
（3〜4人分）
- 水…200cc
- 粉寒天…4g
- 砂糖…40g
- みかん缶…1つ（シロップはきる）
- 牛乳…300cc

1 鍋に水と粉寒天を入れ、煮溶かす。

> 粉寒天を溶かす時は、牛乳は入れずに必ず水だけで！！！

> 不純物の多い牛乳だと、しっかり溶けず、上手に固まらないことがあるんだ…

ヒョイッ

> 1〜2分沸騰させてね!!

泡がボコボコ…

2 完全に溶けたら、砂糖を加えて煮溶かす。

> 色は、上白糖の方がキレイに仕上がる！

ウオォォォ

> 食感は変わってしまうけれど、寒天4gは、ゼラチン8gで代用できるよ〜!!

プルプルしたミルクゼリーになる

3 火を止め、みかんと牛乳を合わせ、器に入れて冷やし固める。

牛乳は、人肌に温めてから入れて下さい〜!!

こんなもんかな…

大きめの器を使えば電子レンジでできるよ

冷たい牛乳を入れると牛乳に触れた部分だけ固まってしまい、全体的に固まらないことがあるんだ

大丈夫そう?

かんせい

もぐ もぐ

プル プル プル

みかんシン〜みかん!

アレンジバリエーション

アレンジ!

- ＋ラム酒 15cc！ — 大人の味
- 砂糖の代わりにジャム！ — いちご！いちご！
- ちがうくだものの缶詰で！ — 桃缶〜
- くだものは入れず、抹茶パウダーやインスタントコーヒーを!! — それぞれ大さじ1入れてね

COLUMN 3
レシピを成功させるコツ PART 2

固めるおやつや和菓子を作る時のコツをまとめたよ。
豆腐とゼラチンの使い方がポイント！

ぼくのレシピでは豆腐を使っているものが多いよ〜!!

豆腐は、体作りにとてもよい食材なんだ〜!!!

豆腐白玉団子は冷凍OK!
バラバラにほぐして、ビニールや密閉式保存袋へ!!

食べる時は5個で約40秒チン!!

もち もち

Q. なぜ白玉団子に豆腐を加えて作るの？

A. 時間が経っても固くならず、モチモチふわふわ！

豆腐の約85％は水！この水を包み込むチカラでモチモチフワフワが続くのだね〜！

GO! GO!
早速、次のコツを見ていこう〜

【パンケーキがふくらむ混ぜ方】
① 粉以外の材料を先に混ぜる
② 粉をドバッと投入！
③ 泡立て器で、すくっては落とす×15回

粉が残っていてOK！味噌っぽいかんじになるよ〜!!

④ 焼く時に、フライ返しで絶対に押さえつけない!!!

【豆腐でもちもちパンケーキ！】
〈1人分〉
・絹豆腐60g（よく潰す）
・卵1個
・牛乳50cc
・ホットケーキミックス100g

弱火で焼いてね！

【豆腐パワー！】
・たんぱく質がとれ、バターの代用として使うと、カロリーダウン！
・カサ増しになり、安い！
・腹もちがよい
・コレステロール、中性脂肪を減らし、血流もよくなる
・代謝を上げるビタミンB群が含まれている

スゴイッ！

おしまい

ゼラチン・寒天・アガーで作るゼリーの違い

	ゼラチン	寒天	アガー
	プルプル	サクッ	フルフル
	冷やして固める	常温で固める	常温で固める
	クセがある	クセがある	無味無臭
	黄色っぽい	白っぽい	無色透明
	100gの液体に対して1〜3g入れる	200gの液体に対して1〜2g入れる	100gの液体に対して1〜2g入れる
	(プリン、ゼリームース、ババロア)	(水ようかん、ところてん)	(プリン、ゼリー、水ようかん)

【改善策】
・75℃以上の火を通す（コンポートで作っても美味しいね）
・くだものの缶詰を使う
・ゼラチン以外の方法でゼリーを作る！

ちなみに、スイカは糖分を分解する酵素が含まれていて、固まりにくい！

Q. ゼラチンゼリーにくだものを入れたのですが、固まりません！

A. くだものの酵素のしわざ！

パイナップル、キウイ、マンゴー、いちじく、メロンなどにはたんぱく質を分解する成分が含まれているのだ〜!!

スヤスヤ

4章 ほっこり！和のおやつ

ちょっぴりヘルシーな和のおやつたち。
ぼくの大好物の白玉の作り方も載ってるよ〜！

どら焼き作ろ！

白玉粉入りのモチモチタイプと、入れないフワフワタイプ。
お好みに合わせて作ってね！

モチモチタイプ

材料（5個分）
- 白玉粉…50g
- 水…40cc
- 卵…1個
- 砂糖…30g
- みりん…大さじ1（18g）
- 薄力粉…30g
- ベーキングパウダー…5g

1 白玉粉と水をボウルの中で混ぜ、なめらかにする。

- 白玉粉はあらかじめ砕いて粉々にしておくと、混ぜやすいよ～
- 袋に入れて、瓶やめん棒などで、ゴリゴリと砕こう！
- 白玉粉がモチモチ食感の秘密だね！
- よいしょっと

2 別のボウルに卵、砂糖、みりんを入れ、白っぽくなるまで泡立てる。①と薄力粉、ベーキングパウダーを加えてサックリと混ぜる。大さじ1ずつフライパンに入れ、弱火で両面焼く。

- 周りを、スプーンで少し押しながら焼くと、よい形になるよ～!!
- 【真上】
- 赤い部分が押すところ～
- 【横】
- 少し冷まして食べると、白玉粉が固くなるので常温で!!!
- モギュ

しっとりフワフワタイプ

材料（3〜4個分）
- 卵…1個
- 砂糖…30g
- みりん…大さじ1(18g)
- 薄力粉…50g
- ベーキングパウダー…3g
- 水…35cc

1 ボウルに卵、砂糖、みりんを入れて混ぜ、白っぽくなるまで泡立てたら、薄力粉、ベーキングパウダー、水を加えてサックリと混ぜる。大さじ1ずつフライパンに入れ、弱火で両面焼く。

薄力粉は、ふるい入れた方が、ダマになりにくいよ〜

ぐるぐる

生地にココアパウダーや抹茶パウダーを入れても美味しいよ!!

ジャーン！

抹茶どら焼きに、ココアどら焼き！

アレンジ！

オススメ具材

AZUKI
あんこ
→ +バター
→ +求肥
ホイップクリーム
ずしっ

アイスクリーム
ブルブル
冷たくて皮が固くなるので食べる直前にのせてね！

カスタードクリームや、チョコクリーム
うふふ

ヘルシー美味しーお豆腐アイス

生クリーム不使用だから、とってもヘルシーで栄養満点！
好きなフレーバーを楽しんで！

材料（4人分）
- 絹豆腐…一丁（300g）
- 牛乳…100cc
- はちみつ…50g
- バニラエッセンス…適量

1 ボウルに絹豆腐を入れて、なめらかになるまで混ぜる。他の材料も全部加え、混ぜ合わせる。

はじめに豆腐をよく混ぜておかないと、粒々が残ってしまう！

ハンドミキサーがあると、とっても楽チンだね〜

2 密閉式保存袋に入れ、冷凍庫に入れる。90分ごとに出して、モミモミ×3回で完成〜！！

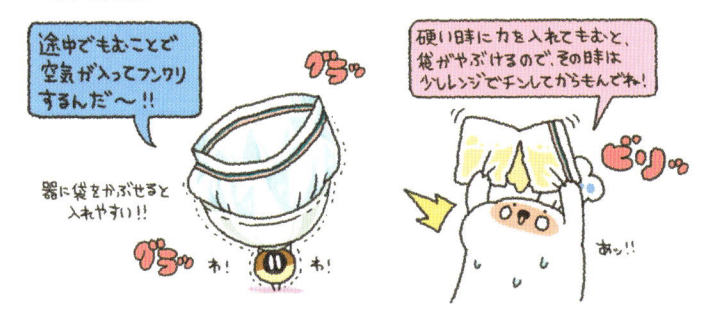

途中でもむことで空気が入ってフンワリするんだ〜!!

器に袋をかぶせると入れやすい!!

硬い時に力を入れてもむと、袋がやぶけるので、その時は少しレンジでチンしてからもんでね！

あッ!!

かんせい

シャリ
キャッキャッ
シャリ

アレンジでンンまい〜

アレンジ!

砕いたホワイトチョコ
を入れてもよいし、
食べる時に、きなこと
黒みつをかけても〜!!

砕いたオレオ、
チョコチップ、
刻みチョコを
入れても〜!!

粒あんと白玉を
添えたり、食べる時に
練乳をかけても〜!!

抹茶アイス
＋抹茶パウダー15g

チョコアイス
＋ココアパウダー12g

ごまアイス
＋黒練りごま30g

もしも、豆腐の匂いが気になったら
この材料にバナナを1〜2本加えて
ミキサーでガガっと混ぜてみてね!

バナナとココアの組み合わせは、
だいぶ豆腐の香りが無くなるよ〜

ざわざわプンプリ白玉団子

豆腐を使うことで、冷やしてもやわらか食感の白玉団子が作れちゃう!!

材料
(1〜2人分)
- 白玉粉…40g
- 絹豆腐…45〜55g

1 ボウルに白玉粉と絹豆腐を入れ、なめらかになるまで混ぜる。

> 豆腐は水きり不要だよ〜!!

> 白玉粉は、あらかじめめん棒などで粉々にしておくと楽に混ぜるよ

> 粉を袋に入れてゴロゴロ潰そう!!

> 生地にココアパウダーや食紅、抹茶パウダーなどを練り込めば色のついた白玉ができるよ〜!!

2 100円玉サイズの球状にまるめる。白玉に顔や絵をかく場合は、ようじで溝を作るようにあとをつけ、お湯で溶かしたココアを入れ込むように着色する。

> 溝に色を入れ込むので、茹でても色が消えにくい!

> 球状以外にも好きな形でどうぞ〜

3 沸騰したお湯に白玉を入れて茹でる。沈んでいた白玉が浮きあがってきたら、更に1～2分茹でて冷水にとり、冷やす。

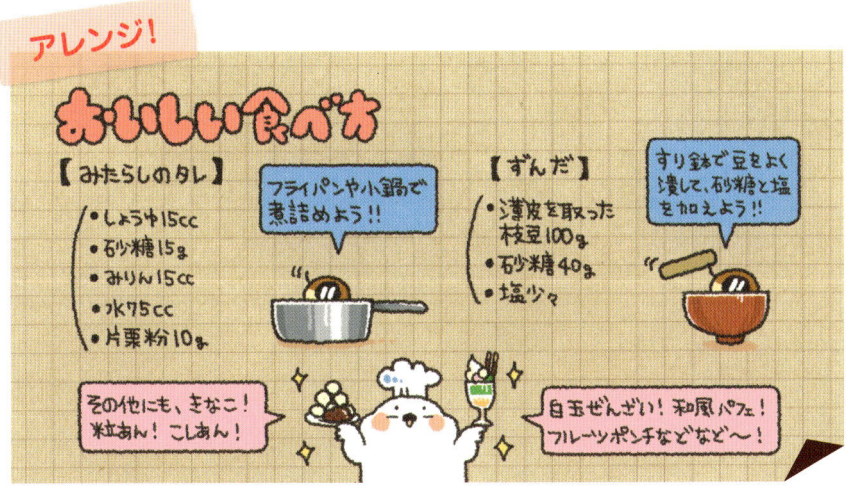

ポチャン　プカー…

ここから1～2分！

冷水で冷やしたら、水気をきって使ってね！
豆腐は水分を逃さないパワーがあるので、
翌日でもやわやわな白玉団子が味わえるよ！

モグモグ

ンンンまい～！！

かんせい

フワッ

やわっ

アレンジ！

おいしい食べ方

【みたらしのタレ】
- しょうゆ 15cc
- 砂糖 15g
- みりん 15cc
- 水 75cc
- 片栗粉 10g

フライパンや小鍋で煮詰めよう!!

【ずんだ】
- 薄皮を取った枝豆 100g
- 砂糖 40g
- 塩 少々

すり鉢で豆をよく潰して、砂糖と塩を加えよう!!

その他にも、きなこ！粒あん！こしあん！

白玉ぜんざい！和風パフェ！フルーツポンチなどなど～！

プルプル和菓子 わらびもち

材料を混ぜて煮詰めるだけ！
アレンジ次第で様々な味や色が楽しめます。

材料
（2〜3人分）
- わらびもち粉…50g
- 砂糖…30g
- 水…200cc

1 ボウルにわらびもち粉、砂糖、水を入れて、固まりがなくなるまで混ぜたら、フライパンへ移す。

> わらびもち粉の代わりに同量の片栗粉でも作れるよ〜!!
> 風味は少し変わってしまうけど、身近なものでできちゃう〜!!

> フライパンの中に材料を直接入れて、混ぜても！
> 洗い物も少なくてすむ

2 フライパンを中火にかけ、木ベラなどを使ってひたすら混ぜる。煮詰まって、透明になってきたら弱火にして、好みの固さになるまでひたすら混ぜる!!!

> 楽チン〜！
> ガンガン水分を飛ばそう!!

> 急に重くなってきた〜ァァァ
> コゲないように！好みの固さで火からおろそう！

3 火からおろし、フライパンの片隅にまとめて、フライパンに水（分量外）を流し入れる。水の中で自分の好みの大きさにちぎりながら冷やす。

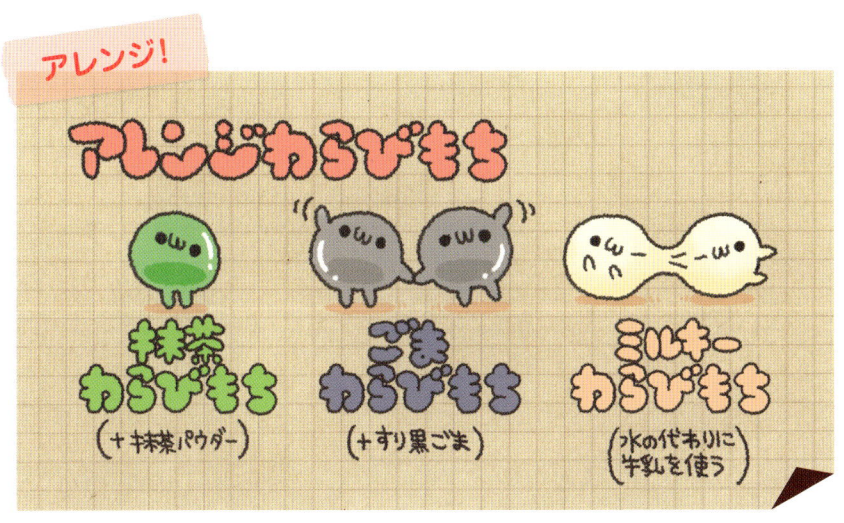

水気をきって、砂糖を混ぜたきなこや、黒みつなどをかけて食べてね!

楽しそう…

はじめは熱いのでやけどに注意・!!

かんせい

プルッ

プルッ

幸せ〜!!

よいしょっ!よいしょっ!

アレンジ!

アレンジわらびもち

抹茶わらびもち
（+抹茶パウダー）

ごまわらびもち
（+すり黒ごま）

ミルキーわらびもち
（水の代わりに牛乳を使う）

カリカリ！ホックリ！揚げない大学いも

揚げずに少量の油で焼きあげるのでヘルシー！
あとかたづけも楽チンで、しかもンンンまい〜!!

材料（2〜3人分）
- さつまいも…1本(400〜500g)
- A
  - 砂糖…大さじ4
  - しょうゆ…小さじ2
  - 酢…小さじ1
  - ごま油…大さじ2

1 さつまいもを洗い、乱切りにする。水を張ったボウルに10分程浸け、キッチンペーパーなどで水気をきる。

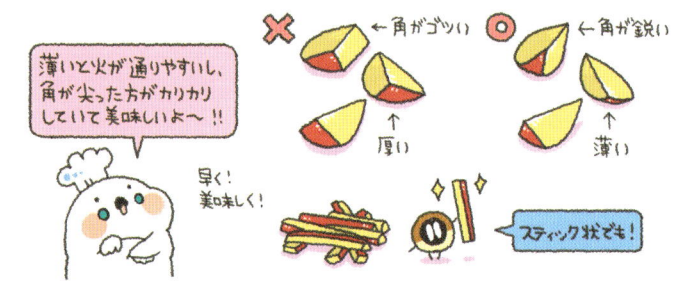

薄いと火が通りやすいし、角が尖った方がカリカリしていて美味しいよ〜!!

×←角がゴツい　○←角が鋭い　↑厚い　↑薄い

早く！美味しく！

スティック状でも！

2 フライパンにAを入れ、さつまいもが重ならないように置いたら、フタをして弱火で5分焼く。フタをあけてさつまいもをひっくり返し、またフタをして2分焼く。2分ごとにひっくり返すのを更に2回程繰り返す。

タラリ…　ドサッ　コトッ　ジュワー

酢(酸)を入れることで、砂糖が結晶化するのを防ぐことができるよ！だからタレがカチカチになって上手にいもと絡まらない…なんて心配ご無用!!

しかも全く酢の味はしないよ！

3 竹串がスッと通ったら、フタを取って火を少し強め、アメ状のタレを絡めてカリカリにする。仕上げに好みで黒ごまをふる。

ポイポイポイ

ごま好きだから たくさん入れよう

だんだん、署が重くなっていくよ！

コゲる直前まで火にかけると、カリカリに仕上がる！

かんせい

外はカリッと！

カリッ

モグ
モグ

ホクホク

中はホックリ！

アレンジ！

アレンジ大学いも
くるみ・バナナ入り大学いも

バナナは溶けやすいので、最後の方に入れてね！
シナモンを加えても美味しい！
食べる時に、アイスを添えると、とってもオシャレでンンまい〜!!

うま　うま

もちもちおもちレシピ

ぼくが大好きなモチモチ食感のお菓子。
どちらも豆腐がポイントだよ！

基本のおもち(皮)の作り方

絹豆腐 80g
白玉粉 50g
砂糖 30g
水 50cc

→ 耐熱皿に入れ、よく混ぜたら500wのレンジでラップをかけずに1分半チン×3回を行って本！

もち

以前、ご紹介した白玉団子と同様、お豆腐のチカラで、ずっとモチモチ！冷めてもやわらかいおもちの皮ができるんだ!!

絹豆腐は水きりしなくてOKだよ～

にょーん
つつつ

八ッ橋 (8個分)

1 きなこ30gとシナモン5gを合わせ、まな板に広げる。その上でおもちの皮をのばして粉を軽くまぶし、8等分する。あんこを1円玉サイズに丸めて置き、あんこを包むように三角にパタリと折る。

パタッ　ギュッ

少し強めに押すようにくっつけるだけ!!

アレンジ！

アレンジバリエーション

- 抹茶味
- (粉) きなこ+抹茶パウダー
- 栗あん
- (餡) 栗+砂糖
- 黒ごま味
- (餡) 黒練りごま
- スイートポテトあん
- (餡) さつまいも+バター+砂糖

もちチョコ （8個分）

1 板チョコ1枚（50g）を細かく刻み、湯せんで溶かす。電子レンジで人肌くらいに温めた牛乳大さじ1と1/2を少しずつ加えて混ぜ、冷蔵庫で1時間冷やし、ココアパウダーをまぶしながら8等分にする。

> フライパンで水をアチチ！ってくらいまで温めたら火を止めてチョコが入った器を入れて、溶かすよ！

> あちち…

> 牛乳は電子レンジで15秒程温めればよいよ〜!!

2 まな板にココアパウダーを広げる。その上でおもちの皮をのばしてココアパウダーを軽くまぶし、8等分する。①のチョコをくるんで丸め、ココアパウダーを全体によくまぶす。

> 長時間経つと、チョコレートが溶けてしまうので手早く！

> ひねるようにすると上手にくっつくよ〜！

アレンジ！

アレンジバリエーション

- in ホワイトチョコ ＋ 牛乳
- in ホワイトチョコ ＋ 牛乳、抹茶パウダー
- in マスカルポーネ ＋ いちごジャム
- in チョコレート ＋ 牛乳、ラムレーズン

> アーッ！ブルイーッ！

> モチ… モチ…

> 周りにまぶすココアパウダーをきなこや、抹茶パウダーにしてもオシャレでンンンまい〜！

フライパンでポリポリ きなこクッキー

実はクッキーだってフライパンで焼けちゃう！
なつかしい素朴な味わいです。

材料
（1〜2人分）
- 薄力粉…30g
- きなこ…30g
- 牛乳…30cc
- 砂糖…20g
- サラダ油…大さじ1

1 ボウルに全ての材料を入れてよく混ぜる。

> スプーンなどでぐるぐる〜っと！

> ベタベタだったら薄力粉を加えて、逆にパサパサなら牛乳を足してね！

2 まとまってきたら、クッキングシートの上に生地を置いて、めん棒で厚さが2〜3mmになるまでのばす。

> めん棒が無かったら瓶などでOK!!

> 厚いとパリパリになりづらいんだ…

3 フライパンに入れ、フタをして弱火で5分、フタをあけて裏返し、4分焼く。
温かいうちに包丁で押すように切って、重ならないようにして冷ます。

とりゃっ！

ひっくり返すのは勢いが大事!!

少しコゲるくらいがパリパリして美味しい！

コゲが足りなかったら追加して焼いてね！

かんせい

プーッ

ガサ…

温かいうちは
ソフトクッキー！

冷めると
ポリポリしてくる！

アレンジ！

アレンジきなこクッキー

＋ごま（白でも黒でも）

＋チョコチップ

砂糖を黒砂糖に代えると、風味が変わって美味しい〜！

＋刻んだナッツ

＋シナモン

シナモンを加えるとハッ橋っぽい！

もぐっ

フライパンでフワフワカステラ

できたては、手で持てないくらいフワフワ!!
是非、あつあつのカステラを一度ご賞味あれ！

材料（牛乳パック型1個分）

- 卵…1個
- 牛乳…5cc
- 強力粉…20g
- 砂糖…25g
- はちみつ…5g

P52の、ガトーショコラを作る時に紹介した牛乳パック型を使うよ

だいたい、牛乳パックの半分の長さになるくらいが丁度よいサイズ!!

またまた登場だ〜!!

1 卵と砂糖をボウルに入れ、ハンドミキサーで生地がリボン状になるまで高速で混ぜる。人肌に温めた牛乳にはちみつを溶かして加え、更にハンドミキサーで混ぜる。

まだ！　オッケー！

リボン状とは！生地をすくって落とすとヒラヒラと折りたたまれる状態のことだよ〜!!

キュッ

2 強力粉を（できればふるいにかけて）①に入れ、低速で30〜60秒混ぜる。

薄力粉でも作れるのだけど強力粉の方がモッチリ本格的！

強力粉の方が弾力が出るんだ

ジャーン

ウオォォまぶしい…！

泡を潰さないために低速で短時間で混ぜ合わせよう〜!!

ハンドミキサーじゃなく、ゴムベラでさっくり混ぜてもOKだよ〜

3 牛乳パック型に②の生地を入れ、フライパンの上に置き、フタをして極弱火で30〜50分焼く。

4 上にクッキングシートをおいてひっくり返し、クッキングシートごと更に5分焼いて、焼き色をつければ完成。

Q&Aコーナー

ここではTwitterでよせられた質問にお答えしていくよ〜!!

Q. 手作りお菓子は何日くらい日持ちしますか？

A. 保存料などを使用していないので、2〜3日中にお召し上がり下さい

- 生菓子で2〜3日、焼き菓子で5〜6日を目安にしてみてね
- 焼いた後、雑菌をつけないように気を付けて扱おう！
- 特に！水に注意！

Q. 「ふるいにかける」という文章がよくありますが、家にふるいがありません。何か、よい代用品はないですか？

A. 茶こし、味噌こし、目の細かいザルなどで代用できます

- 茶こしは、小さいので、少量ふるう時に便利〜！
- ふるいは100円均一にも売っているよ

Q. 牛乳が無い場合、同じ量の水に置き換えても作れますか？

A. 作れますが、風味が少し落ちてしまいます

- 水よりも牛乳を使った方が、多少しっとりしているよ
- 水90〜100ccにスキムミルク10gを足すと、牛乳に近い！
- コーヒーフレッシュも使えるよ〜!!

Q. ぼくさんの一番好きなレシピは何ですか?

A. 「やわやわフンワリ白玉団子」が好き! 冷凍庫にストックしてあります!

> ぼくは、モチモチした食べ物が好き〜!!

> ンー…焼きたてのふわふわカステラとできたてのマシュマロが好きだなぁ…

もち　もち　もぐ　もぐ

Q. 失敗する時はありますか?

A. 失敗が大半です…なるべく3回以内には成功させたい…

> 味見してみて、想像と違う〜!!って作り直すことがダタい!

> やったー!

> たまに、一度で美味しくできてすごく喜ぶよ!!

Q. レシピを描く時に気を付けていることは何ですか?

A. どの手順が一番ムダな時間をかけずに作れるか考えています
あとは、できるだけフンワリ、ほっこりが伝わるように絵を描いているよ〜!

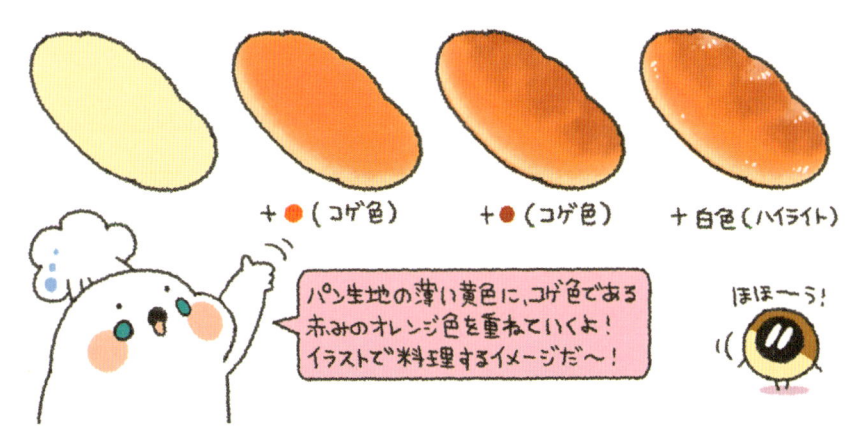

＋●(コゲ色)　　＋●(コゲ色)　　＋白色(ハイライト)

> パン生地の薄い黄色に、コゲ色である赤みのオレンジ色を重ねていくよ!
> イラストで料理するイメージだ〜!

> ほほーう!

STAFF

撮 影	ぼく
デザイン	五十嵐ユミ（Pri Graphics）
校 正	玄冬書林
編 集	森 摩耶（ワニブックス）

ぼくのおやつ
おうちにあるもので作れる
パンとお菓子56レシピ

ぼく 著

2014年4月20日　初版発行

発行者	横内正昭
編集人	青柳有紀
発行所	株式会社ワニブックス
	〒150-8482
	東京都渋谷区恵比寿4-4-9　えびす大黒ビル
電 話	03-5449-2711（代表）
	03-5449-2716（編集部）
印刷所	株式会社 美松堂
製本所	ナショナル製本

定価はカバーに表示してあります。
落丁・乱丁の場合は小社管理部宛にお送りください。送料は小社負担でお取り替えいたします。
ただし、古書店等で購入したものに関してはお取り替えできません。
本書の一部、または全部を無断で複写・複製することは法律で認められた範囲を除いて禁じられています。

©boku 2014　ISBN978-4-8470-9225-1
ワニブックスHP　http://www.wani.co.jp/